Η ΠΥΡΗΝΙΚΗ ΚΑΤΑΣΤΡΟΦΗ ΤΟΥ ΤΣΕΡΝΟΜΠΙΛ

Η πυρηνική καταστροφή και οι καταστροφικές συνέπειές της

Η ΠΥΡΗΝΙΚΗ ΚΑΤΑΣΤΡΟΦΗ ΤΟΥ ΤΣΕΡΝΟΜΠΙΛ

Η πυρηνική καταστροφή και οι καταστροφικές συνέπειές της

γραμμένο από Aude Perrineau
μεταφρασμένο από Lina Sideris

Η ΠΥΡΗΝΙΚΗ ΚΑΤΑΣΤΡΟΦΗ ΤΟΥ ΤΣΕΡΝΟΜΠΙΛ

- **Πότε;** 26 Απριλίου 1986.

- **Πού;** Στο Τσερνομπίλ (σημερινή Ουκρανία).

- **Πλαίσιο;**

  ○ Η ΕΣΣΔ και το πολιτικό πυρηνικό της πρόγραμμα.

  ○ Η κατασκευή του εργοστασίου του Τσερνομπίλ.

- **Κύριοι πρωταγωνιστές ?**

  ○ Μιχαήλ Γκορμπατσόφ, Ρώσος πολιτικός (γενν. 1931).

  ○ Η ομάδα του εργοστασίου του Τσερνομπίλ (μηχανικοί και πυροσβέστες).

- **Επιπτώσεις;**

  ○ Η υπονόμευση του σοβιετικού καθεστώτος.

  ○ Μια ανθρώπινη και οικολογική καταστροφή.

  ○ Σκέψεις για την πυρηνική ασφάλεια.

Στις 26 Απριλίου 1986, στις 1.22 π.μ., το Τσερνομπίλ, το κόσμημα της σοβιετικής τεχνολογίας και σύμβολο της επιτυχίας του κομμουνιστικού καθεστώτος, εξακολουθεί να είναι ο μεγαλύτερος πυρηνικός σταθμός παραγωγής ενέργειας στην ΕΣΣΔ. Ένα λεπτό αργότερα, όταν εξερράγη ο αντιδραστήρας αριθ. 4, έγινε μια εφιαλτική αναπαράσταση της ανθρώπινης ανικανότητας. Αυτό το ουκρανικό εργοστάσιο, που βρίσκεται 20 χιλιόμετρα από τα σύνορα με τη Λευκορωσία, έγινε το κέντρο ενός μεγάλου ραδιενεργού νέφους που μόλυνε ένα μεγάλο μέρος της Ευρώπης. Ακόμη και σήμερα, μια μη κατοικήσιμη ζώνη αποκλεισμού με ακτίνα 30 χιλιομέτρων περιβάλλει την περιοχή και τα μολυσμένα εδάφη εκτείνονται σε δεκάδες χιλιάδες χιλιόμετρα . [2]

Το δραματικό αυτό ατύχημα, το σοβαρότερο που έχει βιώσει ποτέ η βιομηχανία πυρηνικής ενέργειας, κατέχει ιδιαίτερη θέση στη συλλογική φαντασία των Ευρωπαίων. Με την τεχνολογία εκτός ελέγχου, μια σειρά από ανθρώπινα λάθη και μια πολιτική συγκάλυψη, το σενάριο της καταστροφής έχει όλα τα στοιχεία ενός καλού θρίλερ, την έκβαση του οποίου δεν γνωρίζουμε. Τίποτα δεν είναι βέβαιο για το Τσερνομπίλ: ούτε η ακριβής προέλευση της έκρηξης, ούτε ο καθορισμός της ευθύνης, ούτε η ποσότητα του ραδιενεργού υλικού που απελευθερώθηκε, ούτε οι μακροπρόθεσμες επιπτώσεις στην υγεία και το περιβάλλον, ούτε καν ο ανθρώπινος φόρος αίματος. Τι γνωρίζουμε λοιπόν πραγματικά για το Τσερνομπίλ σήμερα;

 ## Το ΗΞΕΡΕΣ ΑΥΤΟ;

[e]Το όνομα Τσέρνομπιλ ακούγεται ως σύμβολο δύο μεγάλων τραγωδιών του 21ου αιώνα, καθώς είναι επίσης το όνομα ενός ουκρανικού εβραϊκού χωριού που αφανίστηκε από τα γερμανικά στρατεύματα κατά τη διάρκεια του Β' Παγκοσμίου Πολέμου (1939-1945).

ΠΛΑΙΣΙΟ

Η ΕΣΣΔ ΚΑΙ ΤΟ ΠΟΛΙΤΙΚΟ ΠΥΡΗΝΙΚΟ ΤΗΣ ΠΡΟΓΡΑΜΜΑ

Το 1917, η Οκτωβριανή Επανάσταση στη Ρωσία οδήγησε στην πτώση του αυτοκράτορα Νικόλαου Β' (1868-1918) και του τσαρικού καθεστώτος, δίνοντας τη θέση της στην εγκαθίδρυση του κομμουνισμού. Η ΕΣΣΔ, ένα νέο ομοσπονδιακό κράτος, ιδρύθηκε το 1922. Το ενιαίο κόμμα που κυβερνούσε τη χώρα καθόριζε τον σχεδιασμό της οικονομίας και της βιομηχανικής ανάπτυξης. "Κομμουνισμός είναι η σοβιετική εξουσία συν τον εξηλεκτρισμό ολόκληρης της χώρας", δήλωσε ο Λένιν (Ρώσος επαναστάτης και πολιτικός άνδρας, 1870-1924) το 1920, συνδέοντας εξαρχής στενά το κομμουνιστικό ιδεώδες με την τεχνική πρόοδο και την ηλεκτρική ανάπτυξη (ACKERMAN (Galia), *Chernobyl, retour sur un désastre*, Paris, Buchet/Chastel, 2006, σ. 17).

Από το 1947 έως το 1991, η ΕΣΣΔ και οι Ηνωμένες Πολιτείες ενεπλάκησαν σε μια μακροχρόνια σύγκρουση: τον Ψυχρό Πόλεμο. Η ιδεολογική και πολιτική αντιπαράθεσή τους, η οποία προέκυψε μετά το τέλος του Δεύτερου Παγκοσμίου Πολέμου, περιλάμβανε έναν ατελείωτο αγώνα εξοπλισμών στον οποίο κάθε πλευρά προσπαθούσε να διατηρήσει την τεχνολογική υπεροχή έναντι της άλλης. Αφού κατασκεύασε τη δική της ατομική βόμβα το 1949, η ΕΣΣΔ συνέχισε την πυρηνική ανάπτυξη για πολιτικούς και στρατιωτικούς σκοπούς και το 1952 ο Στάλιν (σοβιετικός πολιτικός, 1878-1953) ανακοίνωσε ένα πρόγραμμα ανάπτυξης πυρηνικής ενέργειας.

Σε αυτό το πλαίσιο, η πυρηνική ενέργεια αναδείχθηκε σε ένα από τα σημαντικότερα σύμβολα της κομμουνιστικής εξουσίας, ίσως και το ισχυρότερο σύμβολό της. Στα μέσα της δεκαετίας του 1960, εγκρίθηκε ένα μεγάλο σχέδιο για την κατασκευή σταθμών ηλεκτροπαραγωγής, συμπεριλαμβανομένου του Τσερνομπίλ. Όπως όλα όσα σχετίζονται με την πυρηνική ενέργεια, το τι συμβαίνει στο εσωτερικό των εργοστασίων παραμένει μυστήριο. Ως ναυαρχίδα της σοβιετικής τεχνολογίας, περιβάλλονται από έναν μύθο απόλυτης αξιοπιστίας και ασφάλειας.

 # Η ΑΝΑΠΤΥΞΗ ΤΗΣ ΠΟΛΙΤΙΚΗΣ ΠΥΡΗΝΙΚΗΣ ΕΝΕΡΓΕΙΑΣ

Το πρώτο πρωτότυπο ισοδύναμο με πυρηνικό σταθμό παραγωγής ενέργειας αναπτύχθηκε το 1942 από τον Ενρίκο Φέρμι (Ιταλός φυσικός, 1901-1954) στο Πανεπιστήμιο του Σικάγο. Στη συνέχεια, τα πράγματα κινήθηκαν πολύ γρήγορα: το πρώτο πειραματικό εργοστάσιο κατασκευάστηκε το 1951 στις Ηνωμένες Πολιτείες, το πρώτο πολιτικό εργοστάσιο τρία χρόνια αργότερα στην ΕΣΣΔ και το πρώτο εργοστάσιο βιομηχανικής κλίμακας το 1956 στο Ηνωμένο Βασίλειο.

ΤΟ ΕΡΓΟΣΤΑΣΙΟ ΤΟΥ ΤΣΕΡΝΟΜΠΙΛ

Το 1970 ξεκίνησε η κατασκευή του σταθμού παραγωγής ηλεκτρικής ενέργειας του Τσερνομπίλ 130 χιλιόμετρα βόρεια της πόλης του Κιέβου. Για να στεγάσουν τους εργαζόμενους και τις οικογένειές τους, η πόλη Πρίπιατ χτίστηκε τρία χιλιόμετρα μακριά. Ο πρώτος αντιδραστήρας τέθηκε σε λειτουργία το

1977, ακολούθησε ένας δεύτερος ένα χρόνο αργότερα, ένας τρίτος το 1981 και ένας τέταρτος – ο οποίος καταστράφηκε από την έκρηξη – τον Δεκέμβριο του 1983. Το εργοστάσιο έγινε το μεγαλύτερο στην ΕΣΣΔ. Ωστόσο, αυτό δεν ήταν αρκετό και ξεκίνησαν νέες εργασίες για την κατασκευή δύο ακόμη αντιδραστήρων.

Όλοι τους είναι τύπου RBMK (ακρωνύμιο του *reaktor bolshoy moschnosti kanaly*, "αντιδραστήρας υψηλής ισχύος με σωλήνες πίεσης"), ακριβότεροι από τα άλλα μοντέλα και λιγότερο αξιόπιστοι. Αν και δεν ήταν η αιτία της καταστροφής, ορισμένα τεχνικά χαρακτηριστικά αυτού του τύπου αντιδραστήρα την ενίσχυσαν και ευνόησαν την έκρηξη του αντιδραστήρα αριθ. 4. Οι αντιδραστήρες RBMK είναι ιδιαίτερα δύσκολο να ελεγχθούν και διαθέτουν ένα σύστημα διακοπής λειτουργίας έκτακτης ανάγκης που είναι πολύ μακρύ και όχι αρκετά αξιόπιστο. Επιπλέον, δεν διαθέτουν δοχεία περιορισμού αρκετά ισχυρά ώστε να αποτρέψουν τις διαρροές ραδιενέργειας σε περίπτωση μεγάλου ατυχήματος. Αυτοί οι σοβιετικής κατασκευής αντιδραστήρες επιλέχθηκαν αποκλειστικά με βάση πολιτικά και στρατιωτικά κριτήρια.

Ωστόσο, η ύπαρξη τέτοιων τεχνικών ελαττωμάτων δεν φαίνεται να ενοχλεί ορισμένους από τους πιο επιφανείς σοβιετικούς επιστήμονες, αφού ένας από αυτούς, ο Anatoli Aleksandrov (1903-1994), τότε πρόεδρος της Ακαδημίας Επιστημών της ΕΣΣΔ, δήλωσε ότι ένας αντιδραστήρας RBMK ήταν "τόσο ασφαλής που θα μπορούσε να εγκατασταθεί ακόμη και στην Κόκκινη Πλατεία" (*ό.π.*, σ. 47).

ΠΡΟΣ ΤΗΝ ΚΑΤΑΣΤΡΟΦΗ

Το πυρηνικό ατύχημα του Τσερνομπίλ δεν είναι το πρώτο στην ΕΣΣΔ. Από το 1957, έχει σημειωθεί τουλάχιστον μία έκρηξη, μία μερική τήξη πυρήνα, μία πυρκαγιά σε αντιδραστήρα και πολυάριθμα περιστατικά υπερθέρμανσης αντιδραστήρα σε διάφορους σταθμούς. Το 1982, τέσσερα χρόνια πριν από το συμβάν, σημειώθηκε μερική τήξη καυσίμων στον αντιδραστήρα Νο 1 του Τσερνομπίλ, αλλά το θέμα αποσιωπήθηκε τόσο καλά ώστε δεν ενημερώθηκαν ούτε οι διευθυντές των άλλων σοβιετικών σταθμών παραγωγής ενέργειας ούτε καν ο τότε ηγέτης, Λεονίντ Μπρέζνιεφ (1906-1982). Ωστόσο, *η εκ των υστέρων* ανάλυση αυτών των ατυχημάτων θα μπορούσε να έχει συμβάλει στη βελτίωση της λειτουργίας των εγκαταστάσεων. Αλλά εκείνη την εποχή, οι κανόνες ασφαλείας ήταν δευτερεύον ζήτημα σε σύγκριση με τη μέγιστη εκμετάλλευση των δυνατοτήτων παραγωγής. Επομένως, ο μύθος του αλάνθαστου αντιδραστήρα παρέμεινε βαθιά ριζωμένος στο μυαλό των ανθρώπων.

Η πυρηνική καταστροφή του Τσερνομπίλ δεν συνέβη κατά τη διάρκεια της συνήθους λειτουργίας του εργοστασίου, αλλά κατά τη διάρκεια ενός πειράματος ασφαλείας που πραγματοποιήθηκε στον αντιδραστήρα 4. Σκοπός της άσκησης αυτής είναι να διαπιστωθεί εάν, σε περίπτωση διακοπής της ηλεκτροδότησης, η περιστροφή των στροβίλων της γεννήτριας που είναι συνδεδεμένοι με τον αντιδραστήρα μπορεί να παράγει αρκετή υπολειπόμενη ηλεκτρική ενέργεια για να διατηρήσει σε λειτουργία το σύστημα ψύξης του αντιδραστήρα, ενώ ενεργοποιούνται οι κινητήρες έκτακτης ανάγκης. Προβλέπει επίσης την απενεργοποίηση όλων των συστημάτων προστασίας, σε αντίθεση με τα πρότυπα ασφαλείας.

Το εργοστάσιο του Τσερνομπίλ αποδέχθηκε την αποστολή, η οποία πραγματοποιήθηκε στις 25 Απριλίου 1986 το βράδυ, ώστε να μη διακοπεί η παροχή ρεύματος στην πόλη του Κιέβου.

ΚΥΡΙΟΙ ΗΘΟΠΟΙΟΙ

ΜΙΧΑΗΛ ΓΚΟΡΜΠΑΤΣΟΦ, ΡΩΣΟΣ ΠΟΛΙΤΙΚΟΣ

Ο Μιχαήλ Γκορμπατσόφ γεννήθηκε στις 2 Μαρτίου 1931 στην περιοχή της Σταυρούπολης (Βόρειος Καύκασος) και καταγόταν από αγροτική οικογένεια. Αφού εργάστηκε ως οδηγός τρακτέρ, σπούδασε νομικά στη Μόσχα και στη συνέχεια γεωπονία. Ανέβηκε στην ιεραρχία και έγινε πλήρες μέλος του Πολιτικού Γραφείου (εκτελεστικό γραφείο του ΚΚΣΕ, Κομμουνιστικού Κόμματος της Σοβιετικής Ένωσης) το 1980. Τον Μάρτιο του 1985, μετά τον θάνατο του Konstantin Chernenko (σοβιετικός πολιτικός, 1911-1985), διορίστηκε Γενικός Γραμματέας του ΚΚΣΕ, ο κορυφαίος ηγέτης της χώρας.

Πεπεισμένος σοσιαλιστής αλλά μεταρρυθμιστής, σκόπευε να αναδιοργανώσει ένα σύστημα που είχε εξαντλήσει τις δυνάμεις του και εγκαινίασε μια τεράστια πολιτική *περεστρόικα* ("αναδιάρθρωση") και *γκλάσνοστ* ("διαφάνεια"), η οποία έθεσε σε κίνηση μια οικονομική, πολιτική και πολιτιστική φιλελευθεροποίηση. Ωστόσο, η αντιπαράθεση με την πραγματικότητα ήταν τόσο δύσκολη που *η γκλάσνοστ* έθεσε σε κίνδυνο το καθεστώς, καθώς το απαξίωσε στον πληθυσμό. Η *περεστρόικα* διέλυσε επίσης το οικονομικό σύστημα χωρίς να καταφέρει να το μετασχηματίσει. Αυτή η επιδείνωση των εσωτερικών προβλημάτων ερχόταν σε αντίθεση με την πρόοδο που σημειώθηκε στις διεθνείς σχέσεις. Ο Γκορμπατσόφ εγκαινίασε την αποκλιμάκωση των σχέσεων Ανατολής-Δύσης και συναντήθηκε με διαδοχικούς προέδρους των ΗΠΑ για να συζητήσουν τον πυρηνικό αφοπλισμό, για τον οποίο τιμήθηκε με το Νόμπελ Ειρήνης λίγα χρόνια αργότερα. Τον Αύγουστο του 1991, μια αποτυχημένη απόπειρα πραξικοπήματος από τους συντηρητικούς επιτάχυνε τη διάλυση της Σοβιετικής Ένωσης. Αναγκάστηκε να παραιτηθεί στις 25 Δεκεμβρίου από την προεδρία μιας ΕΣΣΔ που δεν υπήρχε πλέον.

Η ΟΜΑΔΑ ΤΟΥ ΕΡΓΟΣΤΑΣΙΟΥ

Ο Viktor Brioukhanov είναι ο γενικός διευθυντής του σταθμού παραγωγής ενέργειας του Τσερνομπίλ από τις αρχές της δεκαετίας του 1970. Είναι ένας ευφυής και σκληρά εργαζόμενος μηχανικός, αλλά δεν είναι ειδικός στα πυρηνικά. Προετοιμάζοντας το προγραμματισμένο πείραμα ασφαλείας στον αντιδραστήρα 4, στέλνει το πρόγραμμα δοκιμών στους ανωτέρους του, αλλά δεν λαμβάνει καμία απάντηση. Χωρίς να ανησυχεί από αυτή τη σιωπή – είναι πράγματι μια συνήθεια της σοβιετικής γραφειοκρατίας – επιτρέπει στην ομάδα του να πραγματοποιήσει το πείραμα.

Ο Briukhanov συνήθως επικουρείται από τον Nikolai Fomine, τον αρχιμηχανικό, έναν ηλεκτρολόγο με εκπαίδευση που έφτασε στο Τσερνομπίλ το 1972. Αλλά το βράδυ της τραγωδίας, ούτε ο Briukhanov ούτε ο Fomine ήταν παρόντες στο σημείο. Υπεύθυνος ήταν ο αναπληρωτής αρχιμηχανικός, Anatoli Diatlov. Έφτασε στο Τσερνομπίλ το 1973 και ήταν υπεύθυνος για τη λειτουργία του δεύτερου αντιδραστήρα. Είναι αυτός που προετοιμάζει τον αντιδραστήρα αριθ. 4 σύμφωνα με το πρόγραμμα που έχει εγκριθεί από τον Fomine, προκειμένου να διεξαχθεί το πείραμα. Η ομάδα του περιλάμβανε, μεταξύ άλλων, τον Alexander Akimov, τον επόπτη βάρδιας του αντιδραστήρα, και τον Leonid Toptunov, τον επικεφαλής μηχανικό που ήταν υπεύθυνος για τη λειτουργία του αντιδραστήρα.

Το εργοστάσιο διαθέτει δικό του πυροσβεστικό σταθμό, με επικεφαλής τον ταγματάρχη Leonid Telyatnikov. Τη νύχτα του ατυχήματος, ο υπολοχαγός Vladimir Pravik και η ομάδα του είχαν υπηρεσία. Τέλος, ο υπολοχαγός Victor Kibenok είναι υπεύθυνος για την πυρόσβεση του Pripyat και θα επέμβει το βράδυ της καταστροφής.

Μετά τα γεγονότα, οι Brioukhanov, Fomine και Diatlov σύρονται στο εδώλιο του κατηγορουμένου. Κρίθηκαν ένοχοι, και οι τρεις καταδικάστηκαν σε φυλάκιση.

Η ΠΥΡΗΝΙΚΗ ΚΑΤΑΣΤΡΟΦΗ ΤΟΥ ΤΣΕΡΝΟΜΠΙΛ

Η ΛΕΙΤΟΥΡΓΙΑ ΤΟΥ ΑΝΤΙΔΡΑΣΤΗΡΑ ΑΡΙΘ. 4

Συνήθως, ένας πυρηνικός αντιδραστήρας εκμεταλλεύεται την αντίδραση σχάσης του ατόμου του ουρανίου με ελεγχόμενο τρόπο. Στην αντίδραση αυτή, ένας βαρύς πυρήνας διασπάται σε δύο μικρότερους πυρήνες υπό την επίδραση ενός νετρονίου (το δομικό στοιχείο του ατομικού πυρήνα). Η αντίδραση εκπέμπει περισσότερα νετρόνια και συνοδεύεται από πολύ μεγάλη έκλυση θερμότητας και, επομένως, ενέργειας. Τα νετρόνια που εκπέμπονται από την πρώτη αντίδραση προκαλούν με τη σειρά τους τη σχάση άλλων πυρήνων. Λαμβάνει έτσι χώρα μια αλυσιδωτή αντίδραση, η οποία σταθεροποιείται σε μια δεδομένη στιγμή με τη μόνιμη δέσμευση ορισμένων από τα νετρόνια που απελευθερώνονται. Οι πυρηνικοί αντιδραστήρες συνδέονται με γεννήτριες που επιτρέπουν τη μετατροπή της εκλυόμενης θερμότητας σε ηλεκτρική ενέργεια.

Ο αντιδραστήρας αριθ. 4 του Τσερνομπίλ είναι μια κοιλότητα από σκυρόδεμα που περιέχει έναν πυρήνα γραφίτη, σκοπός του οποίου είναι να επιβραδύνει τα νετρόνια για να διευκολύνει τις αντιδράσεις σχάσης ("συντονιστής"). Σε αυτόν τον πυρήνα υπάρχουν επίσης περίπου 1.700 στήλες που περιέχουν καύσιμο ουρανίου και περίπου 200 ράβδοι ελέγχου που χρησιμοποιούνται για την απορρόφηση της περίσσειας νετρονίων.

Αυτές οι ράβδοι ελέγχου είναι κινητές: μπορούν να ανυψωθούν ή να χαμηλώσουν για να επιβραδύνουν ή να επιταχύνουν την αλυσιδωτή αντίδραση.

Η ΤΥΧΑΙΑ ΑΚΟΛΟΥΘΙΑ

Τη νύχτα της τραγωδίας, λόγω ενός λειτουργικού σφάλματος, η ισχύς του αντιδραστήρα μειώνεται περισσότερο από το αναμενόμενο και πέφτει σε ένα επίπεδο όπου, λόγω του σχεδιασμού του, ο αντιδραστήρας καθίσταται ιδιαίτερα ασταθής. Σε αυτό το σημείο, το πείραμα θα έπρεπε να τερματιστεί, αλλά δεν τερματίζεται. Ο Diatlov είναι αντίθετος σε αυτό. Για να επαναφέρει την ισχύ, η ομάδα αφαιρεί τις ράβδους απορρόφησης και αφήνει πολύ λίγες για τις απαιτήσεις ασφαλείας. Στη συνέχεια, τα μέλη της ομάδας αναγκάζονται να κάνουν μια σειρά από γρήγορες -και όχι πάντα λογικές- ρυθμίσεις για να διατηρήσουν το επίπεδο ισχύος του αντιδραστήρα, ο οποίος έχει γίνει πολύ ασταθής.

Στη 1 ώρα 23 λεπτά και 4 δευτερόλεπτα, ο Toptunov παρατήρησε ότι ο πυρήνας απομακρυνόταν. Ο Akimov πατά το κουμπί έκτακτης διακοπής για να αποσύρει τις ράβδους ελέγχου, αλλά ο κακός σχεδιασμός τους μεταβάλλει τις θερμοδυναμικές συνθήκες του πυρήνα και αυξάνει περαιτέρω την αντιδραστικότητα. Μέσα σε λίγα δευτερόλεπτα, η ισχύς αυξάνεται κατά 100 φορές την ονομαστική της τιμή και ο αντιδραστήρας εκρήγνυται, τινάζοντας στον αέρα την τσιμεντένια πλάκα που τον κάλυπτε. Σε επαφή με τον αέρα, ο γραφίτης αρχίζει να καίγεται σε θερμοκρασία άνω των 2.000°C, σχηματίζοντας μια στήλη φωτιάς στον ουρανό. Αρκετές εκρήξεις συμβαίνουν με διαφορά δευτερολέπτων η μία από την άλλη, καλύπτοντας την περιοχή με φλεγόμενα, ραδιενεργά συντρίμμια, πυροδοτώντας πολυάριθμες πυρκαγιές και δημιουργώντας ένα εξαιρετικά έντονο πεδίο ακτινοβολίας.

Σύμφωνα με τον πυρηνικό μηχανικό Grigori Medvedev, το προσωπικό του εργοστασίου, που είναι σταθερά πεπεισμένο ότι ένας αντιδραστήρας δεν μπορεί να εκραγεί, είναι πεπεισμένο ότι πρόκειται για μια δεξαμενή που έχει πληγεί. Φτάνοντας στο σημείο στις 2.30 π.μ., ο Briukhanov φέρεται να τηλεφώνησε στη Μόσχα και να μετέφερε την πληροφορία ότι ο αντιδραστήρας ήταν άθικτος και ότι η ραδιολογική κατάσταση ήταν φυσιολογική. Το Πολιτικό Γραφείο και ο Γκορμπατσόφ ενημερώθηκαν ότι είχε συμβεί ένα σοβαρό ατύχημα. Φτάνοντας στη σκηνή λίγα λεπτά αργότερα, οι υπολοχαγοί Pravik και Kibenok, τότε οι ενισχύσεις που κλήθηκαν από τον ταγματάρχη Telyatnikov, έσβησαν τις δευτερεύουσες πυρκαγιές μετά από αρκετές ώρες εργασίας, αποφεύγοντας την εξάπλωση των πυρκαγιών στους άλλους αντιδραστήρες. Σοβαρά ακτινοβολημένοι, μεταφέρθηκαν στο νοσοκομείο, όπου πολλοί πέθαναν με μεγάλους πόνους τις επόμενες εβδομάδες.

ΤΟ ΤΣΕΡΝΟΜΠΙΛ ΑΠΟ ΤΟΝ ΟΥΡΑΝΟ

Ο Igor Kostine (γεννημένος το 1936), φωτογράφος και δημοσιογράφος, πέταξε πάνω από τον σταθμό παραγωγής ενέργειας λίγες ώρες μετά την έκρηξη. Τράβηξε μια αεροφωτογραφία του αντιδραστήρα που εξερράγη, τη μόνη υπάρχουσα εικονογραφική μαρτυρία της ημέρας του ατυχήματος. Είναι θολή και κοκκώδης λόγω της υπερβολικής έντασης της ακτινοβολίας. Οι επόμενες φωτογραφίες είναι εντελώς μαύρες και η φωτογραφική μηχανή παγώνει μετά την εικοστή λήψη.

ΕΚΚΑΘΑΡΙΣΗ

Ο όρος "εκκαθάριση" αναφέρεται στις εργασίες που έγιναν εσπευσμένα μετά την έκρηξη για να σταματήσει ο αντιδραστήρας και να περιοριστεί η διαρροή ραδιενεργού υλικού. Οι εκκαθαριστές ήρθαν σε πολύ μεγάλους αριθμούς (600.000 έως 800.000 άτομα) από όλη τη Σοβιετική Ένωση. Πρόκειται για πολίτες και στρατιώτες που εναλλάσσονται επί σειρά ετών για να ελαχιστοποιήσουν την ατομική έκθεση στην ακτινοβολία. Το έργο τους διεξάγεται σε καταστροφικές συνθήκες, λόγω ανεπαρκούς εξοπλισμού και ακτινοβολίας.

Το πρώτο τους καθήκον ήταν να σβήσουν τη φωτιά του γραφίτη και να σταματήσουν τις πυρηνικές αντιδράσεις στον αντιδραστήρα. Μέχρι τις 10 Μαΐου, 5.000 τόνοι υλικού (βόριο, δολομίτης, άργιλος, άμμος και μόλυβδος) ρίχνονται με περιστροφή ελικοπτέρου στον πυρήνα του αντιδραστήρα. Εν τω μεταξύ, στο εσωτερικό του αντιδραστήρα, το λιωμένο καύσιμο ουρανίου αναμιγνύεται με διάφορα συστατικά και συντρίμμια στον πυρήνα και σχηματίζει ένα μάγμα που ονομάζεται corium. Σχηματίζεται σε πολύ υψηλές θερμοκρασίες, είναι εξαιρετικά καυτό, τοξικό και ραδιενεργό και συσσωρεύεται στον πυθμένα του δοχείου. Οι μηχανικοί φοβούνται ότι θα διαπεράσει την πλάκα σκυροδέματος στον πυθμένα του αντιδραστήρα, θα διεισδύσει στο υπέδαφος και θα αλληλεπιδράσει με το νερό. Ως εκ τούτου, κινητοποιήθηκαν αρκετές εκατοντάδες ανθρακωρύχοι για να σκάψουν μια στοά κάτω από τον αντιδραστήρα προκειμένου να τον ψύξουν και να τον απομονώσουν.

Στην επιφάνεια, γίνονται προσπάθειες να χρησιμοποιηθούν ρομπότ για τον καθαρισμό του γραφίτη και άλλων ραδιενεργών υπολειμμάτων που έχουν διασκορπιστεί στην περιοχή. Καθώς τα ηλεκτρονικά συστήματα δεν μπορούσαν να αντέξουν το υψηλό επίπεδο ακτινοβολίας, αποφασίστηκε να χρησιμοποιηθούν άνδρες. Οπλισμένοι με φτυάρια, βγαίνουν εναλλάξ για λίγα λεπτά κάθε φορά πριν επιστρέψουν στην ασφάλεια της ακτινοβολίας. Τεράστια έργα περιορισμού, τα οποία τελικά αποδείχθηκαν αναποτελεσματικά, ξεκίνησαν στην περιοχή για να περιοριστεί το μολυσμένο νερό. Τέλος, μια τεράστια σαρκοφάγος κατασκευάστηκε γύρω από τον αντιδραστήρα με 300.000 τόνους χάλυβα και σκυρόδεμα για να συγκρατήσει το υπόλοιπο ραδιενεργό υλικό. 600 έως 800 τάφροι έχουν επίσης σκαφτεί βιαστικά στην περιοχή για την αποθήκευση ραδιενεργών αποβλήτων χωρίς καμία προφύλαξη.

 Το ΗΞΕΡΕΣ ΑΥΤΟ;

Περίπου ένα εκατομμύριο m^3 ραδιενεργών υλικών έπρεπε να εγκαταλειφθούν στο χώρο μετά την εκκαθάριση, κυρίως κατασκευαστικός εξοπλισμός.

ΕΚΚΕΝΩΣΕΙΣ

Η αρχή της εκκένωσης, αν και αναφέρθηκε πολύ νωρίς, δεν αποφασίστηκε επίσημα μέχρι το βράδυ της 26ης Απριλίου. Το επόμενο απόγευμα η πόλη του Πρίπιατ ήταν έρημη. Οι 49.000 κάτοικοι, οι οποίοι υποτίθεται ότι θα έφευγαν για δύο ή τρεις ημέρες, πήραν μαζί τους μόνο τα ελάχιστα. Λίγες ημέρες αργότερα, αποφασίστηκε η εκκένωση του πληθυσμού σε ακτίνα 30 χιλιομέτρων από το εργοστάσιο. Η πόλη του Τσερνομπίλ, που βρίσκεται σε απόσταση 20 χιλιομέτρων από τον τόπο της καταστροφής, εκκενώθηκε μόλις στις 5 Μαΐου. Τα οικόσιτα ζώα σφάζονταν και τα πτώματά τους καίγονταν.

Τα σπίτια καταστράφηκαν για να αποθαρρύνουν τους ανθρώπους να επιστρέψουν και ολόκληρα χωριά θάφτηκαν: τα σπίτια σπρώχτηκαν σε μεγάλους λάκκους που άνοιξαν μπουλντόζες και καλύφθηκαν με χώμα. Συνολικά, το 1986 εκκενώθηκαν 135.000 άνθρωποι στην Ουκρανία, 25.000 στη Λευκορωσία και 1.000 στη Ρωσία. Περαιτέρω εκκενώσεις αποφασίστηκαν τα επόμενα χρόνια και άλλοι 250.000 άνθρωποι εκτοπίστηκαν μέχρι το 1995.

ΕΥΡΩΠΗ ΜΟΛΥΣΜΕΝΗ

Κατά τη διάρκεια της πυρκαγιάς γραφίτη, οι εναέριες εκλύσεις σχηματίζουν ένα νέφος ραδιενεργών σωματιδίων που εξαπλώνεται στην ατμόσφαιρα. Η ποσότητα του ραδιενεργού υλικού που απελευθερώθηκε κατά τη διάρκεια της καταστροφής είναι άγνωστη. Υπάρχουν μόνο περισσότερο ή λιγότερο αξιόπιστες εκτιμήσεις. Ορισμένοι πιστεύουν ότι ο αντιδραστήρας, ο οποίος αρχικά περιείχε 190 τόνους ουρανίου, είναι ακόμη σχεδόν γεμάτος, ενώ άλλοι πιστεύουν ότι είναι σχεδόν άδειος. Σε κάθε περίπτωση, ο μεγάλος χρόνος απελευθέρωσης των ραδιενεργών στοιχείων, το μεγάλο υψόμετρο (μεταξύ 1 και 1,5 χιλιομέτρων) και οι αλλαγές στη διεύθυνση του ανέμου ευνοούν τη μόλυνση σε μεγάλες αποστάσεις στο μεγαλύτερο μέρος της Ευρώπης. Στις 26 Απριλίου, την ημέρα του ατυχήματος, οι εκλύσεις μεταφέρθηκαν βορειοδυτικά, φτάνοντας πρώτα στη Λευκορωσία και τη Σκανδιναβία. Την επόμενη ημέρα, κινήθηκαν δυτικά στην Ευρώπη και στη συνέχεια ανατολικά. Το σύννεφο έφτασε ακόμη και στην Ιαπωνία, αλλά το επίπεδο ραδιενέργειας που ανιχνεύθηκε εκεί ήταν εξαιρετικά χαμηλό.

Οι εδαφικές αποθέσεις που προκύπτουν από αυτές τις απορρίψεις είναι εξαιρετικά ετερογενείς και είναι πιο σημαντικές εκεί όπου οι απορρίψεις έχουν συναντήσει βροχοπτώσεις. Το φαινόμενο αυτό δημιουργεί μια μόλυνση "λεοπάρδαλη", υπεύθυνη για μεγάλες διακυμάνσεις στα επίπεδα ραδιενέργειας σε μικρές αποστάσεις. Το 70% της ραδιενέργειας συγκεντρώνεται στη Λευκορωσία, την Ουκρανία και τη Ρωσία. Οι επίσημα αναγνωρισμένες μολυσμένες περιοχές καλύπτουν 42.000 χιλιόμετρα^2 στην Ουκρανία, 46.000 χιλιόμετρα^2 στη Λευκορωσία και 57.000 χιλιόμετρα^2 στη Ρωσία. Επί του παρόντος, πέντε εκατομμύρια άνθρωποι εξακολουθούν να ζουν σε πληγείσες περιοχές, εκ των οποίων 100.000 σε μολυσμένες περιοχές.

Η ΣΙΩΠΗ ΤΩΝ ΑΡΧΩΝ

Όπως συνηθίζουν, οι αρχές δεν έδωσαν καμία πληροφορία. Το ατύχημα ανακοινώθηκε μόλις δύο ημέρες αργότερα με ένα λιτό δελτίο Τύπου, ακολουθούμενο από μια σύντομη αναφορά στις βραδινές ειδήσεις. Οι επίσημες ανακοινώσεις των επόμενων ημερών ήταν εξαιρετικά καθησυχαστικές και επαναλάμβαναν ότι η κατάσταση βελτιωνόταν συνεχώς. Φοβούμενη τις επιπτώσεις στον διεθνή Τύπο, η ΕΣΣΔ αρνήθηκε την αμερικανική πρόταση βοήθειας στις 29 Απριλίου, υποστηρίζοντας ότι όλα τα προβλήματα είχαν επιλυθεί. Στο Κίεβο, η 1η^{er} Μαΐου γιορτάστηκε κανονικά, παρόλο που η ραδιενέργεια ήταν πολύ υψηλότερη από το κανονικό. Μια τηλεοπτική παρέμβαση του Γκορμπατσόφ πραγματοποιήθηκε τελικά στις 14 Μαΐου 1986: το ατύχημα εξακολουθούσε να υποβαθμίζεται, αλλά αναγνωρίστηκε επίσημα.

Η αντίδραση των αρχών εξηγείται τόσο από τη συνήθειά τους να συγκαλύπτουν τα προβλήματα όσο και από τη δυσκολία τους να αντιμετωπίσουν ένα τόσο απροσδόκητο ατύχημα.

Οι εκκενώσεις πραγματοποιήθηκαν πολύ αργά και δεν έγινε τίποτα για την προστασία του πληθυσμού από την πρώτη ακτινοβολία, παρόλο που υπήρχαν λύσεις. Οι εκκαθαριστές πληρώνουν επίσης το τίμημα αυτής της πολιτικής: οι δόσεις ακτινοβολίας που λαμβάνουν ελαχιστοποιούνται, ενώ οι ιατρικές κατευθυντήριες γραμμές απαγορεύουν τη σύνδεση μεταξύ της ακτινοβολίας και των παθολογιών που αναπτύσσονται από ορισμένους.

Σε μια δεύτερη φάση, το ατύχημα δραματοποιείται για να υπογραμμιστεί το θάρρος των Σοβιετικών: η εκκαθάριση εξιστορείται ως ένας πόλεμος εναντίον ενός αόρατου εχθρού στον οποίο οι εκκαθαριστές είναι πραγματικοί ήρωες και οι αρχές που είναι υπεύθυνες για την εκκαθάριση επαινούνται για τη δράση τους. Παρά τον κίνδυνο της ραδιενέργειας, στο τέλος των εργασιών τοποθετείται μια σοβιετική σημαία στην κορυφή της καμινάδας του ηττημένου αντιδραστήρα. Δίπλα του κρεμόταν ένα πανό που διακήρυττε ότι "ο σοβιετικός λαός είναι ισχυρότερος από το άτομο" (Werth (Nicolas), "Chernobyl : enquête sur une catastrophe annoncée", στο *L'histoire*, n° 308, 2006, σ. 73).

 ## Η ΠΑΓΚΟΣΜΙΑ ΑΝΑΚΟΙΝΩΣΗ ΤΗς ΚΑΤΑΣΤΡΟΦΗς

Οι Σουηδοί ήταν αυτοί που ανακοίνωσαν το ατύχημα στον υπόλοιπο κόσμο. Ένα ασυνήθιστα υψηλό επίπεδο ραδιενέργειας ανιχνεύθηκε στο εργοστάσιο παραγωγής ηλεκτρικής ενέργειας Forsmark κατά τη διάρκεια ενός ελέγχου ρουτίνας το πρωί της 28ης Απριλίου 1986. Το εργοστάσιο εκκενώθηκε υπό το φόβο άγνωστης διαρροής. Η μελέτη της τροχιάς του ανέμου και των ραδιενεργών σωματιδίων οδήγησε τελικά στο συμπέρασμα ότι προέρχονταν από τη Σοβιετική Ένωση. Στη συνέχεια, οι πληροφορίες αυτές υιοθετήθηκαν και αναμεταδόθηκαν από τα ευρωπαϊκά πρακτορεία τύπου.

ΠΟΙΟΣ ΕΙΝΑΙ ΥΠΕΥΘΥΝΟΣ;

Τον Ιούλιο του 1987, μια δίκη που διήρκεσε μερικές εβδομάδες κεκλεισμένων των θυρών οδήγησε στην καταδίκη των κύριων διευθυντών του σταθμού παραγωγής ηλεκτρικής ενέργειας, των Brioukhanov, Fomine και Diatlov, οι οποίοι καταδικάστηκαν σε πολυετή φυλάκιση. Οι Akimov και Toptounov είχαν ακτινοβοληθεί σοβαρά και είχαν ήδη πεθάνει. Τα λάθη που έκαναν αυτοί οι άνδρες ήταν εξαιρετικά σοβαρά: είχαν πραγματοποιήσει ένα πείραμα χωρίς την άδεια των ανωτέρων τους, χωρίς την παρουσία προϊσταμένου, τη νύχτα και το Σαββατοκύριακο. Έκαναν λάθη στους αρχικούς τους υπολογισμούς, πραγματοποίησαν λανθασμένους χειρισμούς και παραβίασαν αρκετές φορές τους κανόνες ασφαλείας, χωρίς να αντιληφθούν πόσο γρήγορα επιδεινωνόταν η κατάσταση. Αλλά είναι επίσης τα θύματα ενός αποτυχημένου συστήματος που χρειαζόταν αποδιοπομπαίους τράγους. Κακώς εκπαιδευμένοι, τοποθετημένοι σε θέσεις ευθύνης ακατάλληλες για τις ικανότητές τους και εξαπατημένοι σχετικά με την αξιοπιστία των αντιδραστήρων, παρέμειναν πεπεισμένοι ότι δεν είχαν κάνει κανένα λάθος και υποστήριζαν την αθωότητά τους μέχρι την ημέρα της δίκης τους. Αποκαταστάθηκαν εν μέρει το 1990.

Το ατύχημα είναι αποτέλεσμα της γενικής έλλειψης "κουλτούρας ασφάλειας", είτε σε επίπεδο σχεδιασμού του αντιδραστήρα είτε σε επίπεδο εκπαίδευσης του προσωπικού. Αντανακλά τη γενική ανικανότητα των διευθυντών, σε όλα τα επίπεδα της ιεραρχίας, οι οποίοι είναι υπεύθυνοι για τη διαχείριση της πυρηνικής ενέργειας χωρίς να είναι ειδικοί. Κάποιοι διαχειριστές ενέργειας και πυρηνικής ενέργειας λογοδοτούν επίσης. Ο Γκορμπατσόφ υπερασπίζεται τον εαυτό του λέγοντας ότι δεν είχε επίγνωση της σοβαρότητας της κατάστασης. Κάποιοι είχαν περισσότερους ενδοιασμούς, όπως ο Valeri Legassov (σοβιετικός επιστήμονας, 1936-1988), ένθερμος υπερασπιστής της πυρηνικής ενέργειας και μέλος της επιτροπής που ήταν υπεύθυνη για τις εργασίες εκκαθάρισης, ο οποίος αυτοκτόνησε τον Απρίλιο του 1988, αφήνοντας πίσω του ένα κείμενο στο οποίο κατήγγειλε την παράλογη λειτουργία ενός συστήματος που είχε οδηγήσει στην καταστροφή.

ΕΠΙΠΤΩΣΕΙΣ

ΕΝΑ ΚΛΟΝΙΣΜΕΝΟ ΠΟΛΙΤΙΚΟ ΣΥΣΤΗΜΑ

Το ατύχημα δεν αποκαλύπτει μόνο την απαρχαιότητα των εργοστασίων και την οφθαλμαπάτη της σοβιετικής τεχνολογίας: αποκαλύπτει τις αδυναμίες ενός άρρωστου πολιτικού συστήματος στο σύνολό του, δείχνοντας τις καταστροφικές συνέπειες της κουλτούρας της μυστικότητας, του κατακερματισμού των πληροφοριών και της έλλειψης σημασίας που δίνεται στα άτομα. Ως αποτέλεσμα, οδηγεί σε απώλεια της εμπιστοσύνης του πληθυσμού στους ηγέτες του. Η διακηρυγμένη επιθυμία του Γκορμπατσόφ για διαφάνεια ήρθε αντιμέτωπη με την πλήρη ισχύ της καταστροφής, η οποία επιτάχυνε αυτή την πολιτική της ανοιχτότητας και, ταυτόχρονα, έδειξε τη δυσκολία της εφαρμογής της: αν και οι πληροφορίες για το Τσερνομπίλ αναπτύσσονταν, παρέμεναν επίσης υπό αυστηρή παρακολούθηση.

Η καταστροφή, η οποία έγινε στοιχείο της ουκρανικής εθνικής διαμαρτυρίας, συνέβαλε στη διάλυση της ΕΣΣΔ. Πράγματι, η κινητοποίηση των κινημάτων ανεξαρτησίας των διαφόρων εθνικοτήτων που αποτελούσαν τη Σοβιετική Ένωση ήταν ένας από τους παράγοντες που οδήγησαν στην εξαφάνισή της. Η Ουκρανία ήταν η δεύτερη μεγαλύτερη δημοκρατία της Ένωσης, μετά τη Ρωσία. Οι διαμαρτυρίες ξεκίνησαν στις αρχές του 1987, καθώς το μέγεθος της καταστροφής εξαπλώθηκε, και συνεχίστηκαν τα επόμενα χρόνια. Γενικότερα, το γεγονός λειτούργησε ως σημείο συσπείρωσης της αντιπολίτευσης και αφύπνισης της ουκρανικής εθνικής συνείδησης.

ΑΓΝΩΣΤΕΣ ΣΥΝΕΠΕΙΕΣ ΓΙΑ ΤΗΝ ΥΓΕΙΑ

Γίνεται διάκριση μεταξύ της φάσης του ατυχήματος, η οποία είναι επικίνδυνη λόγω της εξωτερικής έκθεσης στην ακτινοβολία και της οποίας οι επιπτώσεις εμφανίζονται γρήγορα, της φάσης που επηρέασε τους εκκαθαριστές, και της μετα-ατυχηματικής φάσης, η οποία είναι επιβλαβής λόγω της χρόνιας εσωτερικής μόλυνσης και η οποία επηρεάζει σήμερα τους κατοίκους των μολυσμένων περιοχών. Αυτή η χρόνια μόλυνση είναι μικρή σε απόλυτους αριθμούς, αλλά η καθημερινή επανάληψή της προκαλεί μακροχρόνιες επιπτώσεις των οποίων η ακριβής φύση και η σημασία είναι προς το παρόν άγνωστες. Τα ραδιενεργά στοιχεία είναι γνωστό ότι προκαλούν καρκίνο του θυρεοειδούς (μόλυνση με ιώδιο-131), καρκίνο του νωτιαίου μυελού, λευχαιμία και γενετικές μεταλλάξεις. Οι έρευνες στη μολυσμένη περιοχή δείχνουν ότι η ραδιενέργεια μπορεί να είναι η αιτία άλλων ασθενειών, όπως καρδιαγγειακές παθήσεις, καταρράκτης, πρόωρη γήρανση, εξασθένηση του ανοσοποιητικού συστήματος και γενετικές ανωμαλίες.

 ## Η ΔΙΑΣΠΑΣΗ ΤΩΝ ΡΑΔΙΕΝΕΡΓΩΝ ΣΤΟΙΧΕΙΩΝ

Τα ραδιενεργά στοιχεία διασπώνται σύμφωνα με τον δικό τους χρόνο ημιζωής. Ο χρόνος ημιζωής είναι το χρονικό διάστημα που χρειάζεται για να διασπαστεί το ήμισυ της αρχικής ποσότητας των στοιχείων. Το ιώδιο-131, για παράδειγμα, έχει χρόνο ημίσειας ζωής 8 ημερών: στο τέλος αυτών, η μισή αρχική ποσότητα ατόμων έχει εξαφανιστεί, μετά από 16 ημέρες, έχει απομείνει το ένα τέταρτο, κ.ο.κ. Το ισότοπο αυτό εξαλείφθηκε επομένως τις εβδομάδες μετά το ατύχημα. Αλλά το στρόντιο 90 (28 χρόνια), το και-σάριο 137 (30 χρόνια) και κυρίως το πλουτώνιο 239 (πάνω από 24.000 χρόνια) θα χρειαστούν περισσότερο χρόνο. Καθώς το πλουτώνιο 239 είναι ένα βαρύ ισότοπο, οι εκπο-μπές του συγκεντρώνονται στην περιοχή του εργοστασίου.

ΕΝΑΣ ΑΜΦΙΛΕΓΟΜΕΝΟΣ ΑΝΘΡΩΠΙΝΟΣ ΦΟΡΟΣ ΑΙΜΑΤΟΣ

Ο επίσημος απολογισμός των θανάτων που παρουσίασαν από κοινού ο ΙΑΕΑ (Διεθνής Οργανισμός Ατομικής Ενέργειας) και ο ΠΟΥ (Παγκόσμιος Οργανισμός Υγείας) το 2005 ήταν 56 θάνατοι και επιπλέον 4.000 πιθανοί θάνατοι μακροπρόθεσμα. Ωστόσο, ο αριθμός αυτός δέχεται επιθέσεις από ανεξάρτητους ερευνη-τές και περιβαλλοντικές οργανώσεις, οι οποίες καταγγέλλουν την επιρροή του ισχυρού πυρηνικού λόμπι. Η Greenpeace ισχυρίζεται ότι 200.000 θάνατοι έχουν σημειωθεί τα τελευ-ταία 15 χρόνια και εκτιμά ότι η έκθεση σε ραδιενεργά σωμα-τίδια θα προκαλέσει 270.000 καρκίνους, 93.000 από τους οποίους θα είναι θανατηφόροι, στο μέλλον.

Οι διαδηλωτές επιμένουν ότι οι επίσημες εκθέσεις εκμεταλ-λεύονται την έλλειψη εθελοντικής παρακολούθησης της υγείας των εκκαθαριστών και ελαχιστοποιούν τις δόσεις ακτι-νοβολίας που δέχεται ο πληθυσμός. Επιπλέον, βασίζονται σε επίσημα στοιχεία και όχι σε δεδομένα πεδίου, αγνοούν τις μακροπρόθεσμες επιπτώσεις και δεν λαμβάνουν υπόψη τις μη θανατηφόρες παθολογικές καταστάσεις. Τέλος, αποδίδουν την αύξηση των καρκίνων σε λόγους που δεν σχετίζονται με το ατύχημα και τα προβλήματα υγείας σε απλή ακτινοφοβία του πληθυσμού.

ΜΙΑ ΟΙΚΟΝΟΜΙΚΗ ΑΒΥΣΣΟΣ

Η καταστροφή απαιτεί πρωτοφανείς δαπάνες σε μια δύσκολη στιγμή. Ο ΠΟΥ έχει υπολογίσει ότι το κόστος θα ανέλθει σε εκατοντάδες δισεκατομμύρια δολάρια για 20 χρόνια. Το ποσό αυτό λαμβάνει υπόψη τις άμεσες ζημιές, τα έξοδα εκκαθάρισης, τα ιατρικά έξοδα, τις εκκενώσεις, την αποζημίωση των θυμάτων, καθώς και την έρευνα για τις συνέπειες στην υγεία και το περιβάλλον, για να μην αναφέρουμε την παρακολούθηση του χώρου του Τσερνομπίλ. Το ατύχημα προκάλεσε επίσης σημαντικές μακροπρόθεσμες εδαφικές απώλειες, καθώς εκατομμύρια εκτάρια μολύνθηκαν και κατέστησαν ακατάλληλα για γεωργία και δασοκομία.

Το τεράστιο κόστος του ατυχήματος επιβεβαίωσε την απόφαση του Γκορμπατσόφ να εγκαταλείψει την κούρσα των εξοπλισμών με τις ΗΠΑ. Η Λευκορωσία, με σχεδόν το 25% της επικράτειάς της μολυσμένο, δαπάνησε σχεδόν το ένα τέταρτο των εσόδων της για τη διαχείριση των καταστροφών τα πρώτα χρόνια. Η σαρκοφάγος παρουσιάζει σημαντικά σημάδια αδυναμίας και ένα νέο σύστημα περιορισμού που θα καλύπτει την παλιά είναι υπό κατασκευή και θα πρέπει να ολοκληρωθεί το 2015. Η Ουκρανία αναγκάστηκε να ζητήσει διεθνή βοήθεια για τη χρηματοδότησή της.

ΤΟ ΑΔΥΝΑΤΟ ΠΕΝΘΟΣ ΤΩΝ RMBKS

Το ατύχημα δεν άλλαξε τη θέση των σοβιετικών ηγετών όσον αφορά την πυρηνική ανάπτυξη. Αφού απέκτησε την ανεξαρτησία της από την ΕΣΣΔ το 1991, η Ουκρανία παρέμεινε προσκολλημένη σε αυτήν επειδή η πυρηνική ενέργεια της επέτρεψε να εξασφαλίσει μια επίφαση ενεργειακής ανεξαρτησίας από τη Ρωσία. Έτσι, στις αρχές της δεκαετίας του 1990, το 30% της ηλεκτρικής ενέργειας προερχόταν από πυρηνική ενέργεια.

Οι τεράστιες οικονομικές δυσκολίες των χωρών της Ανατολικής Ευρώπης αποτελούν σημαντικό εμπόδιο για τη σωστή συντήρηση των αντιδραστήρων και την τεχνική τους βελτίωση, αλλά καθώς οι χώρες αυτές βρίσκονται σε διαρκή ενεργειακή κρίση, οι οικονομικές επιταγές παραμένουν προτεραιότητα. Συνεπώς, το εργοστάσιο του Τσερνομπίλ συνεχίζει να λειτουργεί μέχρι το 2000. Τη νύχτα της 11ης προς 12η Οκτωβρίου 1991, σημειώθηκε έκρηξη στο μηχανοστάσιο του δεύτερου αντιδραστήρα. Παρόλο που ο δεύτερος αντιδραστήρας δεν χτυπήθηκε, έκλεισε αμέσως και μόνιμα. Το πλήρες κλείσιμο του εργοστασίου, που αρχικά είχε προγραμματιστεί το 1990 για το 1993, αποφασίστηκε μόλις το 1995 με αντάλλαγμα διεθνή οικονομική βοήθεια για την αντιστάθμιση της απώλειας ηλεκτρικής ενέργειας και τη διατήρηση των θέσεων εργασίας. 11 αντιδραστήρες του ίδιου τύπου εξακολουθούν να λειτουργούν σήμερα, όλοι τους στη Ρωσία.

ΣΚΕΨΕΙΣ ΓΙΑ ΤΗΝ ΠΥΡΗΝΙΚΗ ΕΝΕΡΓΕΙΑ

Το ατύχημα προκάλεσε έντονα συναισθήματα στην Ευρώπη, κινητοποιώντας τον πληθυσμό και τα περιβαλλοντικά κινήματα γύρω από μια μεγάλη συζήτηση για την πυρηνική ασφάλεια. Τα διάφορα κράτη αντέδρασαν με διαφορετικούς τρόπους: ορισμένα άλλαξαν την ενεργειακή τους πολιτική, ενώ άλλα επέλεξαν να συνεχίσουν την πυρηνική ενέργεια. Μετά από μια επιβράδυνση, ο κλάδος αυτός γνωρίζει τώρα μια νέα ανάπτυξη, ιδίως στις αναδυόμενες χώρες.

Σε θεσμικό επίπεδο, το ατύχημα ακολουθείται σε όλη την Ευρώπη από προβληματισμούς σχετικά με τη διαχείριση πυρηνικών κρίσεων, την ενίσχυση της κουλτούρας ασφάλειας, τη διερεύνηση νέων δυνατοτήτων ατυχήματος και την ενίσχυση των δικτύων περιβαλλοντικής παρακολούθησης. Ανοίγει επίσης το δρόμο για καλύτερο διασυνοριακό συντονισμό, με την υπογραφή διεθνών συμβάσεων για την ασφάλεια, την ενημέρωση και τη βοήθεια σε θέματα πολιτικής πυρηνικής ενέργειας.

ΣΥΝΟΠΤΙΚΑ

- Η πυρηνική καταστροφή στο Τσερνομπίλ στις 26 Απριλίου 1986 δεν ήταν ένα συνηθισμένο ατύχημα λειτουργίας πυρηνικού σταθμού παραγωγής ενέργειας. Συνέβη κατά τη διάρκεια μιας πειραματικής φάσης που πήγε στραβά και η έκρηξη του αντιδραστήρα αριθ. 4 ήταν αποτέλεσμα μιας σειράς ανθρώπινων λαθών. Ωστόσο, οι συνέπειές της δεν θα ήταν τόσο δραματικές αν ο αντιδραστήρας είχε σχεδιαστεί καλύτερα.

- Αιφνιδιασμένη από ένα ατύχημα που θεωρήθηκε αδύνατο, η σοβιετική κυβέρνηση προσπάθησε να το συγκαλύψει και στη συνέχεια να ελαχιστοποιήσει τη σημασία του όταν αναγνωρίστηκε. Αν και η καταστροφή παρουσιάζεται ως επιταχυντής της πυρηνικής διαφάνειας στην Ανατολή και τη Δύση, εξακολουθεί να περιβάλλεται από γκρίζες ζώνες.

- Η εκκαθάριση, στόχος της οποίας είναι ο περιορισμός του ραδιενεργού υλικού ώστε να αποφευχθεί η εξάπλωσή του, απαιτεί κολοσσιαίους πόρους σε ιδιαίτερα δύσκολες συνθήκες εργασίας. Ωστόσο, παραμένει ημιτελής: μια νέα σαρκοφάγος βρίσκεται υπό κατασκευή και αναμένεται να ολοκληρωθεί το 2015, εν αναμονή της τελικής λύσης.

- Η έκρηξη του αντιδραστήρα οδηγεί σε μακροχρόνια μόλυνση των οικοσυστημάτων και των πληθυσμών που ζουν στην περιοχή. Οι πιο μολυσμένες περιοχές εκκενώνονται σταδιακά. Καθώς το ατύχημα δεν είχε προηγούμενο, οι πραγματικές συνέπειες για την υγεία είναι ακόμη εν μέρει άγνωστες. Θα καθοριστούν από τις μακροχρόνιες επιπτώσεις της ραδιενέργειας στο σώμα.

- Ο ανθρώπινος φόρος είναι σήμερα ένα τεράστιο πεδίο μάχης. Οι επιστήμονες αντιστέκονται με κατηγορίες για ψευδείς ή παραποιημένους υπολογισμούς, κακοτεχνίες σε μελέτες, κακές αξιολογήσεις, μεροληπτικά ή μη επαληθευμένα δεδομένα βάσης, ανεπαρκή πρότυπα και αβάσιμα κριτήρια αναφοράς.

- Το ατύχημα του Τσερνομπίλ οδηγεί όλες τις χώρες να επανεξετάσουν την ασφάλεια των εγκαταστάσεών τους και τα σχέδια αντιμετώπισης ατυχημάτων. Στην Ανατολική Ευρώπη, έχουν γίνει τεχνικές βελτιώσεις στους πιο επικίνδυνους αντιδραστήρες, αλλά η καταστροφική οικονομική κατάσταση και οι ενεργειακές ανάγκες αποτρέπουν τις αρχές από το να τους κλείσουν εντελώς.

- Το Τσερνομπίλ είναι ταυτόχρονα ένα ιστορικό γεγονός, μια τεχνολογική καταστροφή, ένα αίνιγμα για την υγεία, ένα επιχείρημα στη συζήτηση για τα πυρηνικά, και ένα αντικείμενο κοινωνιολογικής μελέτης και φιλοσοφικού προβληματισμού. Η ιστορία της γράφεται ακόμη.

ΓΙΑ ΝΑ ΠΡΟΧΩΡΗΣΕΤΕ ΠΕΡΑΙΤΕΡΩ

ΒΙΒΛΙΟΓΡΑΦΙΚΕΣ ΠΗΓΕΣ

"Ατύχημα του Τσερνομπίλ, κίνηση του ραδιενεργού νέφους πάνω από την Ευρώπη μεταξύ 26 Απριλίου και 10 Μαΐου 1986", στο *Institut de radioprotection et de sûreté nucléaire*, πρόσβαση 21 Σεπτεμβρίου 2014.

http://www.irsn.fr/FR/popup/Pages/tchernobyl_video_nuage.aspx

ACKERMAN (Galia), *Chernobyl, retour sur un désastre*, Paris, Buchet/Chastel, 2006.

ΟΡΓΑΝΙΣΜΟΣ ΠΥΡΗΝΙΚΗΣ ΕΝΕΡΓΕΙΑΣ (ΟΟΣΑ), *Chernobyl: Radiological and Health Impact Assessment*, Παρίσι, OECD Publishing, 2002.

BELBÉOCH (Bella και Roger), *Τσερνομπίλ, μια καταστροφή. Quelques éléments pour un bilan*, Παρίσι, Allia, 1993.

CASTANIER (Corinne), "L'Agence internationale de l'énergie atomique et son directeur général, lauréats 2005 du prix Nobel de la paix. L'avenir s s'assombrit encore pour les victimes de Tchernobyl", στο *Trait d'union*, n°32/33, 2005, σ. 24-30.

COUMARIANOS (Philippe), *Chernobyl after the Apocalypse*, Παρίσι, Hachette Littératures, 2000.

DELÉAGE (Jean-Paul), "Rapport secret sur les défauts de la centrale de Tchernobyl", στο *Écologie & Politique*, n° 27, 2006, σ. 227-231.

DESCOLONGES (Michèle), "Perte de la foi communiste après Tchernobyl", στο *Écologie & Politique*, n° 32, 2006, σ. 37-52.

DESHUSSES (Henri-Paul), *La radioactivité dans tous ses états*, Γενεύη, Georg Éditeur, 1997.

GRANDAZZI (Guillaume) και LEMARCHAND (Frédérick), *Les silences de Tchernobyl. L'avenir contaminé*, Παρίσι, Autrement, 2004.

GREENPEACE, *Η καταστροφή του Τσερνομπίλ. Συνέπειες για την ανθρώπινη υγεία*, Άμστερνταμ, 2006.

GREENPEACE, *Οι απώλειες του Τσερνομπίλ υποβαθμίζονται ευρέως. Μια μελέτη αποκαλύπτει την πραγματική έκταση της καταστροφής*, δελτίο τύπου, 19 Απριλίου 2006.

JACQUEMIN (Didier), *Les accidents de fusion du cœur des réacteurs nucléaires de puissance. État des connaissances*, Nanterre, EDP Sciences, 2013.

KOSTINE (Igor), *Chernobyl, confessions of a reporter*, Παρίσι, Éditions des Arènes, 2006.

KOZOVOY (Andrei), *Η πτώση της Σοβιετικής Ένωσης 1982-1991*, Παρίσι, Éditions Tallandier, 2011.

LEGASSOV (Valeri), "Το καθήκον μου είναι να μιλήσω γι' αυτό", στην *Pravda*, 20 Μαΐου 1988.

MEDVEDEV (Grigori), *Η αλήθεια για το Τσερνομπίλ*, Παρίσι, Albin Michel, 1990.

WHO-IAEA-UNDP, "Chernobyl: η πραγματική κλίμακα του ατυχήματος", δελτίο τύπου, Γενεύη, 5 Σεπτεμβρίου 2005.

ΠΑΓΚΟΣΜΙΟΣ ΟΡΓΑΝΙΣΜΟΣ ΥΓΕΙΑΣ, *The health consequences of the Chernobyl accident*, Γενεύη, 1996.

ROBEAU (Daniel), *Catastrophes et accidents nucléaires dans l'ex-Union soviétique*, Nanterre, EDP Sciences, 2001.

CHERTKOFF (Wladimir), *The Crime of Chernobyl or the Nuclear Gulag*, Paris, Actes Sud, 2006.

WERTH (Nicolas), "Chernobyl: enquête sur une catastrophe annoncée", στο *L'Histoire*, αρ. 308, 2006, σ. 66-75.

ΠΡΟΣΘΕΤΕΣ ΠΗΓΕΣ

ALEXIEVITCH (Svetlana), *La supplication. Τσέρνομπιλ, χρονικά του κόσμου μετά την αποκάλυψη*, Παρίσι, J'ai lu, 2000.

CHARPAK (Georges), GARWIN (Richard) και JOURNÉ (Venance), *De Tchernobyl en Tchernobyls*, Παρίσι, Odile Jacob, 2005.

COMMEAU-RUFIN (Irène), "La Catastrophe de Tchernobyl, miroir de la presse soviétique", στο *Politique étrangère*, n° 3, 1986, σ. 711-726.

GOUJON (Alexandra), LALLEMAND (Jean-Charles) και SYMANIEC (Virginie), *Chroniques sur la Biélorussie contemporaine*, Παρίσι, L'Harmattan, 2001.

GRANDAZZI (Guillaume) και LEMARCHAND (Frédérick), "Témoigner sur Tchernobyl : les sciences humaines et l'art face à la catastrophe", στο DÉPELTEAU (François) και LACASSAGNE (Aurélie), *Le Bélarus : l'État de l'exception*, Québec, Presses de l'université Laval, 2003, σ. 363-380.

GRAZIOSI (Andrea), *Ιστορία της ΕΣΣΔ*, Παρίσι, Presses universitaires de France, 2010.

LEMARCHAND (Frédérick), "Επισκεφθείτε το Τσερνομπίλ! Le 'tourisme de catastrophe' en question", στο *Les Echos*, 19 Μαΐου 2011.

SCHREIBER (Thomas), "Chernobyl and the media in Eastern Europe", στο *Politique étrangère*, αριθ. 3, 1986, σ. 697-701.

TERTRAIS (Bruno), *Atlas mondial du nucléaire*, Paris, Autrement, 2011.

URBANOWICZ (Christophe), *L'empire nucléaire éclaté*, Paris, Éditions Michalon, 1995.

WELSH (Henry), "Σοβιετικός κινηματογράφος. Το Τσερνομπίλ στον κινηματογράφο: το σκοτεινό προμήνυμα", στο *Ciné-Bulles*, τόμος 9, αριθ. 4, 1990, σ. 4-7.

WERTH (Nicolas), *Ιστορία της Σοβιετικής Ένωσης*, Παρίσι, Presses universitaires de France, 2008.

ΕΙΚΟΝΟΓΡΑΦΙΚΕΣ ΠΗΓΕΣ

Φωτογραφία του αντιδραστήρα αριθ. 4 μετά την έκρηξη. Η αναπαραγόμενη φωτογραφία θεωρείται ότι δεν υπόκειται σε πνευματικά δικαιώματα.

Φωτογραφίες των εκκαθαριστών. Η αναπαραγόμενη φωτογραφία θεωρείται ότι είναι ελεύθερη δικαιωμάτων.

ΝΤΟΚΙΜΑΝΤΕΡ

La Vie contaminée, vivre avec Tchernobyl, ντοκιμαντέρ των David Desramé και Dominique Maëstrali, Γαλλία, 2001.

Μπορούμε να ζήσουμε εδώ; ντοκιμαντέρ του Sylvaine Dampierre, Γαλλία, 2002.

Τσέρνομπιλ, ένα συγκεκριμένο άλλοθι, ντοκιμαντέρ των Bente Milton, Sabine Kemper και Jørgen Pederson, Γερμανία-Δανία, 2002.

Πυρηνικές διαμάχες, ντοκιμαντέρ του Wladimir Tchertkoff, Ελβετία, 2003.

Le Sacrifice, ντοκιμαντέρ των Emanuela Andreoli και Wladimir Tchertkoff, Ελβετία, 2003.

Η μάχη του Τσερνομπίλ, ντοκιμαντέρ του Thomas Johnson, Γαλλία, 2006.

Le Soleil et la mort: Tchernobyl et après, ντοκιμαντέρ του Bernard Debord, Γαλλία, 2006.

Η Ευρώπη και το Τσερνομπίλ, ντοκιμαντέρ του Dominique Gros, Γαλλία, 2006.

Deceptive Paradise, ντοκιμαντέρ της Marion Pöllmann, Γερμανία, 2009.

Τσέρνομπιλ, μια φυσική ιστορία; ντοκιμαντέρ του Luc Riolon, Γαλλία, 2009.

Chernobyl forever, ντοκιμαντέρ του Alain de Halleux, Γαλλία, 2011.

ΚΤΙΡΙΑ ΜΟΥΣΕΙΩΝ ΚΑΙ ΜΝΗΜΕΙΩΝ

Το Μουσείο του Τσερνομπίλ στο Κίεβο της Ουκρανίας.

Στο Κίεβο έχουν ανεγερθεί πολυάριθμα μνημεία αφιερωμένα στους πυροσβέστες, τους εκκαθαριστές και τα θύματα του πυρηνικού ατυχήματος.

MASLOW'S HIERARCHY OF NEEDS
Personal accomplishment
Esteem
Belonging
Security
Physiologic
THE SWOT ANALYSIS
Strengths
Weaknesses
SWOT
Opportunities
Threats

Ο εκδότης διασφαλίζει την αξιοπιστία των πληροφοριών που δημοσιεύονται, η οποία όμως δεν μπορεί να αποτελέσει ευθύνη του.

Κύριο ISBN: 9782808664509
ISBN: 9782808671927
Νόμιμη κατάθεση: D/2023/12603/514

Ψηφιακός σχεδιασμός: Primento,
ο ψηφιακός συνεργάτης των εκδοτών.